Christa Baumann &
Stephen Janetzko

Das kleine Büchlein für eine **fröhliche Osterzeit**
- *Ostern mit Kindern*

Lieder, Spiele, Basteln, Rezepte
und vieles mehr

Alle Lieder verlegt bei
Edition SEEBÄR-Musik Stephen Janetzko, Erlangen
Online-Shop im Internet unter www.kinderlieder-shop.de
Illustrationen: Heike Georgi - Fotos: Christa Baumann
Idee, Notensatz, Umschlaggestaltung, Grafik und finaler Satz: Stephen Janetzko

ISBN-13: 978-3-95722-501-6

Inhaltsverzeichnis

... für eine fröhliche Osterzeit mit Kindern!

Liebe Leserin, lieber Leser,
die Zeitspanne vor und über Ostern erleben unsere Kinder als einen spannenden, lustigen und fröhlichen Jahresabschnitt: Der Frühling zeigt sich mit den ersten Blüten, das Wetter ist unbeständig zwischen letztem Schnee und warmem Sonnenschein und die neue Freiheit, draußen spielen zu können, lässt sich erahnen.
Fröhliche Lieder stimmen auf die Osterzeit ein. Mit einfachen Instrumenten lassen sie sich wunderschön begleiten, viele kann man als Rollenspiel aufführen oder tanzen.
Und dann gibt es die Geschichten, die Kinder gerne hören: vom Huhn, das die Eier legt und sie dem Osterhasen zur Verfügung stellt. Der Osterhase bemalt sie dann und versteckt sie.
Und manchmal helfen die Kinder dem Osterhasen und basteln ein Körbchen, damit er seine Eier dort unterbringen kann und sie nicht im nassen Gras liegen müssen. Natürlich wollen Kinder die Eier selbst gestalten: ausgeblasene Eier werden bemalt, betupft oder gefärbt und es entstehen Eier aus Pappmaché.
Spiele im Freien machen Spaß und alle freuen sich, dass es bald richtig warm wird.

Wir wünschen allen eine bunte und fröhliche Osterzeit!

Christa Baumann und Stephen Janetzko

Wir freun uns schon auf Ostern!

Text: Andrea Lederer; Musik: Stephen Janetzko;
CD "Der Frühling ist da - 20 schönste Kinderlieder im Frühling"

2. Der Osterhase kommt schon bald,
   wir werden ihn empfangen.
   Er bringt uns Eier, bunt bemalt,
   weil wir ihm Lieder sangen.

Refrain: Wir freun uns schon auf Ostern...

3. Der Osterhase ist nun da,
   versteckt sich schon im Garten.
   Auch wenn wir ihn dort springen sahn,
   wolln wir nicht länger warten.

Refrain: Wir freun uns schon auf Ostern...

4. Der Osterhase war jetzt da,
   wir haben ihn gesehen.
   Beschenkte uns, wie jedes Jahr,
   kann nun nach Hause gehen.

Refrain: Wir freun uns schon auf Ostern...

5. Der Osterhase kommt bestimmt
   im nächsten Jahr gern wieder.
   Dann freut sich auch schon jedes Kind
   und singt ihm Osterlieder.

Refrain: Wir freun uns schon auf Ostern...

Mandala im Freien legen

Bei einem Spaziergang finden die Kinder in der Natur immer die unterschiedlichsten Schätze. Sammeln Sie dieses Mal viele gleiche oder ähnliche Materialien: Tannen- und Kiefernzapfen, Bucheckern, Moose, Kiesel, Rindenstücke und Stöckchen dazu ein paar Gänseblümchen von der Wiese.

So geht's:
Legen Sie aus Stöckchen die Umrisse eines Kreises. Diese Fläche wird in kleine Segmente aufgeteilt, so, wie die Stücke bei einer Torte aufschnitten werden. Die Trennlinien können die Kinder mit Kieseln, anderen Steinchen oder mit Stöckchen in den Kreis legen.

Für das Auslegen der Stücke brauchen die Kinder ihr weiteres gesammelte Material und Fantasie. Vielleicht möchten sie jedes Stück von innen her mit Moos auslegen und die restliche Fläche in jedem Teil anders gestalten. Oder sie belegen jedes Teil unterschiedlich.

Zum Schluss können die Kinder ein paar Gänseblümchen pflücken und in das Moos stecken. Wer das Moos an diesen Stellen dann noch anfeuchtet, hat lange Freude an den kleinen weißen Blümchen.

Tipp:
Wenn Sie das Mandala auf eine Wiese legen, können Sie mit den Kindern auch Gänseblümchenpflanzen ausstechen und dort einsetzen.

Versuch: Welches Ei ist frisch?

An Ostern werden viele bunte Eier verschenkt. Bevor wir aber dem Osterhasen helfen, die Eier zu kochen und zu färben, können wir ausprobieren, ob sie auch frisch sind.

Material:

- hohes Glas
- kaltes Wasser
- Esslöffel
- Eier

So geht's:
Füllen Sie Wasser in das Glas. Die Kinder setzen ein Ei vorsichtig auf den Esslöffel und legen es ins Glas. Was passiert?
Bleibt das Ei unten liegen, dann ist es frisch.
Hebt es sich nach oben, sollte es möglichst bald verbraucht werden. Für die Osterzeit, wenn viele Eier verschenkt und nicht alle sofort gegessenn werden, sind diese Eier nicht geeignet.
Wenn das Ei gar oben schwimmt, ist schon viel Flüssigkeit verdunstet und das Ei enthält mehr Luft. Es sollte nicht mehr gegessen werden.
Kinder haben an diesem Experiment viel Freude, weil Erwachsene oft nicht wissen, wie man alte Eier erkennt und die Kinder sie damit verblüffen können.

Hopplahopp, der Osterhase

Text und Musik: Stephen Janetzko;
CD "Der Frühling ist da - 20 schönste Kinderlieder im Frühling"

2. Hoppelt über grünen Rasen,
hopplahopp, hopplahopp.
Frischer Wind zieht durch die Nasen,
hopplahopplahopp.

3. Hoppelt langsam durch die Wälder
hopplahopp, hopplahopp.
Hoppelt schnell durch grosse Felder,
hopplahopplahopp.

4. Gibt es einmal Dauerregen
hopplahopp, hopplahopp,
möchte er sich unterlegen,
hopplahopplahopp.

5. Ruht sich aus am Lindenbaume
hopplahopp, hopplahopp.
Träumt nun einen Hasentraume,
hopplahopplahopp.

Spielanregung:

Ein einfaches Hasenlied, das so angelegt ist, dass es auch unabhängig von Ostern gesungen werden kann. Statt „Hopplahopp, der Osterhase" singen wir im Rest des Jahres dann durchgängig „Hopplahopp, es springt der Hase".
Zum Lied dürfen alle Kinder einfach Mithoppeln.
Wer will, darf auch den Wind schnüffeln (Strophe 2), langsam und schnell hoppeln (Strophe 3), Regen mit den Fingerspitzen andeuten und sich vorm Regen ducken (Strophe 4).
In der letzten Strophe legen sich alle hin und ruhen sich aus.

Spiele mit Ostereiern

Für diese Spiele brauchen die Kinder hartgekochte Ostereier in verschiedenen Farben. Wenn die Schale beim Spielen bricht, ist das nicht schlimm. Diese Eier werden dann als erste gegessen.

Eier in eine Vertiefung rollen lassen

So geht's:

Im Freien wird eine Vertiefung gesucht oder im Sandkasten eine kleine Vertiefung ausgegraben. Die Kinder stehen um die Kuhle und setzen ihr Ei an den Rand. Auf ein Zeichen schubs jeder sein Ei an. Welches rollt bis in die Mitte?

Eier-Kim

So geht's:

Eier in verschiedenen Farben liegen zusammen auf einem Tuch. Die Kinder schauen sie an. Dann werden sie mit einem weiteren Tuch zugedeckt.
Ein Kind dreht sich um oder geht kurz aus dem Zimmer.
Ein Ei wird weggenommen.
Kann das Kind sich erinnern, welche Farbe das Ei hat, das welches nun fehlt?

Eier-Stafette

So geht's:

Die Kinder stehen in einer Linie und legen ihr Ei auf einen Esslöffel. Wer schafft es, sein Ei am schnellsten zu einem Ziel zu bringen? Wer es fallen lässt, hebt es auf, legt es auf seinen Löffel und läuft weiter.

Wir helfen dem Osterhasen und färben Eier

Der Osterhase freut sich bestimmt über jede helfende Hand! Für die Ostereier werden frische Eier hart gekocht und nach dem Erkalten gefärbt. Das geschieht in einem Bad aus Farbe.

Grüne Eier kochen

Grashalme abschneiden und in einen Topf mit Wasser geben. Ein paar Minuten aufkochen, bis sich das Wasser grünlich färbt. Einen Esslöffel Essig dazu geben und darin weiße Eier darin hart kochen.

Braune Eier

Eine Handvoll Zwiebelschalen über Nacht in Wasser legen. Aufkochen und die Schalen entfernen. In diesem braunen Sud die Eier kochen.

Gestreifte Eier

Über das gekochte Ei wird ein oder mehrere Gummibänder gezogen. Anschließend kommt es ins Farbenbad. Soll es weitere Streifen bekommen, dann wird der oder die Gummis ein Stückchen verschoben und das Ei in einer dunkleren Farbe gebadet. Zum Schluss die Gummis entfernen und das Ei mit etwas Öl einreiben, damit es schön glänzt.

Eier mit breiteren Streifen

Auf das gekochte Ei werden Stücke von Klebeband gelegt und festgedrückt. Nach dem Färben bleiben diese Stellen hell.

Auch hier können weitere Klebebandstücke aufgelegt und das Ei mehrmals gefärbt werden.

Gemusterte Eier
Ein Streifen von breitem Klebeband wird abgeschnitten. Der Länge nach können nun Muster eingeschnitten werden: Zacken, Kreise, Fransen. Den Streifen auf dem gekochten Ei festdrücken und das Ei färben. Nach dem Abziehen des Streifens erscheint das Muster auf dem Ei.

Getupfte Eier
Mit einem Pinsel Zitronensaft auf das gekochte Ei tupfen und trocken lassen. Nach dem Färben im Farbbad erscheinen helle Punkte.

Eier mit einem Blatt
Ein Blatt auf die ungefärbten gekochten Eier legen und einen dünnen Strumpf darüber ziehen. Mit einem Stück Garn abbinden.
Die Eier ins Färbebad legen. Ist die Farbe so, wie gewünscht, die Eier herausholen und so hinstellen, dass sie auf dem Strumpf stehen und trocken können. Erst dann den Strumpf mit dem Blatt entfernen.

Gespritzte Eier
Die gekochten Eier müssen zum Spritzen in einen Eierbecher gestellt werden. Wasserfarbe in den Töpfchen anrühren. Mit einer Zahnbürste Farbe aufnehmen, ein Teesieb über das Ei halten mit der Zahnbürste darüber reiben. Die kleinen Tropfen fallen auf das Ei, trocken lassen. Dann umdrehen und auf der anderen Seite Farbe auf das Ei spritzen.
Eventuell weitere Farben verwenden.

Osterkarten gestalten

Karten mit Ostereiern
Osterkarten werden gern verschickt.

Material:
- Doppelkarte
- buntes Papier
- Schere
- Klebestift

So geht's:
Aus grünem Papier Gras schneiden und auf den unteren Rand der Kartenvorderseite kleben. Viel bunte Eier ausschneiden und ebenfalls aufkleben. Wer mag eine Sonne, Blumen, Vögel ausschneiden und aufkleben?

Karten mit einem Osterhasen
Bei dieser Karte grüßt der Osterhase.

Material:
- Doppelkarte
- buntes Papier
- Schere
- Klebestift

So geht's:
Aus grünem Papier Gras schneiden und auf den unteren Rand der Kartenvorderseite kleben. Auf braunes Papier einen Osterhasen zeichnen und ausschneiden. Ins Gras kleben.
Vielleicht bekommt er auch ein paar Ostereier?

Hier ein Ei und dort ein Ei
(Die Ostereier-Suche)

Text: Andrea Lederer/Stephen Janetzko; Musik: Stephen Janetzko;
CD "Der Frühling ist da - 20 schönste Kinderlieder im Frühling"

Tempo: ca. 168

Refrain: Hier ein Ei und dort ein Ei! Schau, da lie-gen

so-gar zwei! Ja, ich fin-de im-mer mehr! Os-tern ists, ich

freu mich sehr! 1. Un-term Baum und hin-term Strauch,

bei den Blu-men - bee-ten auch. Dort im Gras und

un-term Stein kön-nen noch mehr Ei - er sein.

Refrain: Hier ein Ei und dort ein Ei...

2. Rot, gelb, grün, blau oder bunt,
liegen sie zur Osterstund.
Ganz egal, wo sie auch sind -
du wirst sehn, dass ich sie find!

Refrain: Hier ein Ei und dort ein Ei...

3. Eins liegt oben auf dem Dach,
eins bei mir im Schreibtischfach!
In der Küche auf dem Schrank!
Osterhase, vielen Dank!

Refrain: Hier ein Ei und dort ein Ei...

4. Überall sind sie versteckt,
wo hat er sie hingelegt?
In der Scheune unterm Stroh,
hinterm Zaun und sonst noch wo!

Refrain: Hier ein Ei und dort ein Ei...

Unser bunter Osterstrauß

Nach dem langen Winter freuen sich alle über die ersten Blüten und grünen Blättchen. So ist es Brauch, etwa zwei Wochen vor Ostern ein paar Zweige von Buchen und Forsythien abzuschneiden und in eine große Blumenvase zu stellen. Die Zeit bis zum Fest können sich die Kinder mit dem Gestalten von ausgeblasenen Eiern vertreiben.

Eier ausblasen

Das ist jedes Jahr für viele Eltern eine Frage: wie kann man es schaffen, ein rohes Ei auszublasen, ohne dass die Schale bricht?
Ganz einfach: bohren Sie mit einer Gabel je ein Loch oben und unten in das Ei. Wenn Sie nun auf einer Seite hineinblasen, kommen Eiweiß und Dotter auf der anderen Seite heraus.
Tipp: Sie brauchen sich keine große Mühe zu machen, nur kleine Löcher in das Ei zu bohren. Es wird ein Loch gebraucht, in das ein Stück Streichholz hineinpasst.

Eier aufhängen

Halbieren Sie ein Streichholz und knoten Sie in der Mitte ein Stück sehr dünnes Garn, so dass eine Schlaufe entsteht. Stecken Sie das Streichholz in das ausgeblasene Ei. Beim Hochziehen verkanntet es sich und das Garn rutscht nicht mehr heraus. Jetzt kann das Ei am Osterstrauß aufgehängt werden.

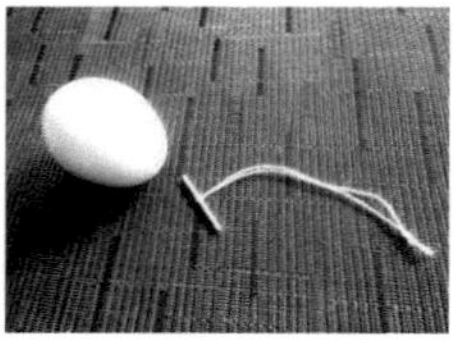

Ausgeblasene Eier zum Bemalen festmachen

Stecken Sie jedes der ausgeblasenen Eier auf einen Schaschlikspieß. Damit es nicht herunterrutschen kann, fädeln Sie oben und unten jeweils ein abgeschnittene Scheibe von einem Flaschenkorken oder etwas Knet auf.

Ausgeblasene Eier gestalten

Wachsbatik

Die Eier werden auf einen Schaschlikspieß mit einer Korkenscheibe unten und oben gesteckt und mit weißem Kerzenwachs betropft. Anschließend in einer hellen Farbe mit Wasserfarben bemalen und trocknen lassen. Dann wieder ein paar Kerzenwachstropfen darauf verteilen und mit einer dunkleren Farbe bemalen. Das kann so lange weitergeführt werden, bis die letzte Schicht die gewünschte Farbe des fertigen Eies hat.
Das Wachs wird entfernt, indem das Ei mit dem Spieß in großem Abstand über einer Kerzenflamme gedreht wird. Ist das Ei aber zu nah an der Flamme, wird es schwarz.

Absprengtechnik

Mit weißer Wachskreide ein Muster auf das Ei malen. Anschließend mit Wasserfarbe bemalen und trocknen lassen. Ein vorbereitetes Streichholz hineinstecken und das Ei aufhängen.

Gepunktetes Ei

Mit dem Locher buntes Papier lochen. Die kleinen Punkte mit Klebestift auf das Ei kleben und trocknen lassen. Ein vorbereitetes Streichholz hineinstecken und das Ei aufhängen.

Schwammtechnik

Wasserfarben in den Töpfchen anrühren. Einen kleinen Schwamm an einem Zipfel in eine Farbe tauchen und das

Ei damit betupfen. Trocknen lassen. Mit anderen Farben weiter betupfen, bis das Ei ringsum bunt ist. Ein vorbereitetes Streichholz hineinstecken und das Ei aufhängen.

Mit Seidenpapier bekleben
Bei dieser Technik wird Seidenpapier in kleine Stückchen gerissen und mit angerührtem Tapetenkleister auf die Eier geklebt. Die einzelnen Papierstückchen dabei immer gut verstreichen. Trocknen lassen. Ein vorbereitetes Streichholz hineinstecken und das Ei aufhängen.

Marmoriertechnik mit Nagellack
Eine leere Konservendose mit Wasser füllen. Etwas Nagellack hineintropfen, er schwimmt oben.
Das ausgeblasene Ei nah an den Spitze des Schaschlikspießes festmachen. In das bunte Wasser tauchen und vorsichtig mit einem Finger drehen (der Nagellack sollte nicht auf die Haut kommen).
Gut trocknen lassen. Ein vorbereitetes Streichholz hineinstecken und das Ei aufhängen.

Mosaiktechnik
Leider brechen beim Basteln manchmal die ausgeblasenen Eier in kleine Stücke. Diese können allerdings gut verwendet werden.
Kleben Sie mit Klebestifte Stückchen von braunen Eiern auf weiße Eier und umgekehrt.
Oder bemalen Sie die ganzen Eier zuerst in einer Farbe, lassen Sie diese trocken und kleben Sie die Bruchstücke darauf. Ein vorbereitetes Streichholz hineinstecken und das Ei aufhängen

Osternestchen basteln

Zur Vorfreude auf Ostern gehört es auch, dem Osterhasen ein kleines Nest zu basteln und zur Verfügung zu stellen. Dieses ist aus Ostergras hergestellt.

Material:

- Schüssel
- Zeitungspapier
- Tapetenkleister
- weißes Papier
- Ostergras

So geht's:
Die Schüssel umdrehen und Zeitungspapier in mehreren Schichten mit angerührtem Tapetenkleister aufkleben. Trocknen lassen und von der Schüssel herunternehmen. Umdrehen. Die Innenseite mit kleinen weißen Papierstücken bekleben und wieder trocknen lassen. die Unterseite mit viel Ostergras bekleben. Dabei das Papiergras nur leicht andrücken, es dürfen Ostergrasstücke nach außen abstehen.

Has, Has, erzähl mir was!

Text: Andrea Lederer/Stephen Janetzko; Musik: Stephen Janetzko;
CD "Der Frühling ist da - 20 schönste Kinderlieder im Frühling"
© Edition SEEBÄR-Musik Stephen Janetzko, www.kinderliederhits.de

Refrain: Has, Has, erzähl mir was...

2. Und zu der Osterfeier laden wir uns Freunde ein.
Wir suchen nach den Eiern, wollen ausgelassen sein.
Die Freude wächst nun Stund für Stund!
Rot, blau und gelb und kunterbunt,
so liegen sie im Nest
für dieses Osterfest!

Refrain: Has, Has, erzähl mir was...

3. Was wir gefunden haben, essen wir mit Freude auf.
Denn bunte Eier schmecken gut und süße Hasen auch.
Ja, Ostern, das liebt jedes Kind,
seht, wie der Osterhase springt!
Und alle, groß und klein,
die stimmen nun mit ein!

Refrain: Has, Has, erzähl mir was...

Osternestchen aus Naturmaterial

Das Material kann z. B. unter Bäumen gesammelt werden.

Material:

- feine Zweige
- Moos
- Teller

So geht's:

Die Zweige nebeneinander in einer Schlange auf den Tisch legen. Anfang und Ende übereinanderlegen und ineinander verdrehen. Auf einen passenden Teller legen. Moos im Nestchen verteilen.

Kresse-Nest

Dieses Osternestchen schmeckt lecker. Es muss eine Woche vor dem Fest eingesät werden.

Material:

- Suppenteller
- Watte
- Kressesamen

So geht's:

Den tiefen Teller mit Watte auslegen. Mit Wasser befeuchten. Kressesamen hinein streuen.
Nun darauf achten, dass die Samen immer schön feucht sind und nie austrocken. Sie keimen rasch und wachsen in die Höhe.
Zum Essen mit einer Schere abschneiden.

Osterhasen backen

Zum Osterfrühstück schmecken diese selbst gebackenen Häschen besonders gut! Es ist sehr gut möglich, den Teig am Abend zuzubereiten und über Nacht zugedeckt kühl stehen zu lassen. Am Morgen kurz durchkneten, formen und die Häschen vor dem Backen nochmals aufgehen lassen.

Zutaten:

- 500 g Mehl
- 1 Päckchen Trockenhefe oder ½ Würfel Hefe
- gut 200 ml warme Milch + 1 Esslöffel Milch extra
- 50 g Zucker
- 1 Ei + 1 Eigelb zusätzlich
- 50 g Butter
- 1 Prise Salz
- für jedes Häschen drei Rosinen

So geht's:

Aus den Zutaten (außer dem Eigelb und dem Esslöffel Milch und den Rosinen) einen Hefeteig zubereiten und zugedeckt in einer Schüssel gehen lassen.
Die Kinder formen jeweils eine Kugel aus Bauch und eine kleinere Kugel als Kopf und legen diese nebeneinander auf Backpapier. Zwei längliche Rollen als Ohren dazu legen und an den Enden spitz formen. Alles ein bisschen plattdrücken. Rosinen als Augen und Schnäuzchen eindrücken.
Das Eigelb mit der Milch verrühren und die Häschen damit bepinseln.
Im vorgeheizten Backofen bei 180° etwa 20 Minuten goldgelb backen.

Die Lieder zum Buch findet Ihr hier:

CD „Der Frühling ist da - 20 schönste Kinderlieder im Frühling"

Interpret: Stephen Janetzko

Ein einzigartiger und zugleich bewährter Liederschatz mit vielen neuen Frühlingsliedern, Hasentänzen, Osterliedern und Liedern zum Muttertag. Von der kleinen Raupe, den Weidenkätzchen, dem Bauern auf dem Feld, von Löwenzahn, Schmetterlingen und der Sonnenkäferfamilie - hier kommen 20 neue Lieblingslieder zum Mitsingen, Lernen, Nachsingen und Tanzen im Frühling. Geeignet sind sie für junge Kinder und Familien sowie die pädagogische Arbeit im Frühling für Krippe, Kindergarten, Kita und die ersten Schuljahre.

Gesamtspielzeit ca. 61:10 min. Label KINDERLIEDER
EAN 4260466390305 - Best.-Nr. KL2017005

Überall im Buchhandel und Tonträgerhandel.
Ebenfalls ist separat das Liederbuch erhältlich.

Webseite Verlag Stephen Janetzko: ***... mehr Info, mehr CDs, mehr Lieder & Noten: www.kinderliederhits.de***